কাগজে অক্টোবর

সৌমি দত্ত

✕✕✕

Woven Words Publishers OPC Pvt. Ltd.

Registered Office:

Vill: Raipur, P.O: Raipur Paschimbar,

Dist: Purba Midnapore, Pin: 721401,

West Bengal, India.

www.wovenwordspublishers.in

Email: editor@wovenwordspublishers.in

First published by Woven Words Publishers OPC Pvt. Ltd., 2018

Copyright© Soumi Dutta, 2018

POETRY

IMPRINT: WOVEN WORDS LAUNCHPAD

ISBN 13: 978-93-86897-19-0

ISBN 10: 9386897199

Price: $7

Printed and bound in India

এই দ্বিধা

সেই সব ছবি কই?

সেই সব দীর্ঘ দীর্ঘ ছবি?

প্রতিটি উপুড়হস্ত,

আর কত নির্ব্যূঢ় রাজনীতি?

আমি পাঠশালা খুলে রাখি —

তুমি দাও ছাই ছাই বাধা,

নির্বেদ, নিশপিশ রেখা,

আমার এই গলা ব্যথা,

তোমার প্লুতস্বর এই দ্বিধা

<u>তোমার নাম</u>

ব্যর্থ অসমাপ্ত লিখতে

অমলিন জরা

কোনও কোনও ইচ্ছে হয়

কত নিশ্চুপ

তুমি খুব বেশি করেই নিঃসঙ্কোচ

তোমার নাম অসমাপ্ত

রাখতে দেবে না কিছুই

চাও তাই?

এই আকণ্ঠ সংযম?

এই সব জেনেও

আরও কত, আরও কত কত দুঃখ বাকি,

সুখের বিভ্রান্তি ঘটে,

বয়সও হয়,

নির্গুণ, একাকী।

প্রেডিকশন,

লোকচরিত্র,

মিলে যায় —

এই সব জেনেও তুমি তর্ক করো, ক্ষমা চেয়ে নিয়ে

এসো না অনীক

এসো না অনীক,

চার মাস হয়ে গেল

আমার উপরে আর কেউ অভিমান করে না

কত কী বন্ধ,

আমার মনেও থাকে না,

কতদিন কাউকে না কেঁদে বোঝাতে পারিনি আমার মন খারাপ,

কতদিন বোঝাতে পারিনি, চাই।

অথচ এই আমিই

বলেছিলাম

"ভুলব না"।

গন্ধবাতাস

তোমার গায়ে গন্ধবাতাস,

আমার গায়ে তেল,

কবে থেকে ঘুরছে মাথায়,

অকস্মাৎ উদ্বেল।

ঢেকুর তোল, ডিগডিগে হাড়,

নালিশ করো কষে,

আমি যখন স্নান করতাম,

তুমি পাড়ে বসে।

পিঠ চুলকে, ঘাড় টিপিয়ে

আরাম লাগে ভারী,

লেলিয়ে দিলে তোমার বেড়াল,

বেজায় সে দরকারি।

নাক মললে আঙুর-আপেল,

কান মললে কলা,

9

শক্ত এমন যায় না চাওয়া,
ভাতের ভাঙা দলা।

চোখ দুটোকে ঘুরিয়ে এনে
লোমের গোড়ায় রাখো,
বিন্দু বিন্দু ওয়াশ করেছ,
তবু ক্লান্ত থাকো।

ঠোঁটের নীচে বালতি দেখি,
চোখের তলায় মগ,
ভালবাসি আমি, তুমি
ভয়েই টগবগ।

চুল ফোলানো, ঘাড় নড়নড়,
তর্কবাগীশ ঝানু,
যেই না আমি হাঁ করেছি,
এক ঘটি জল স্থাণু।

সিঁথি কেটে রাশ টেনেছ,

যাচ্ছ চড়ে কোলে,

আমায় চিনে মুখ দিয়েছ

পাশবালিশের খোলে।

হালকা হলাম, হাতটা টেনে,

বললে যখন ''নামা'',

রিনরিনে এক ঝিনুক ডেকে

টানতে দিচ্ছি হামা।

গোটালে পাও মুখোশ-টিপি,

সহ্যশক্তি টিপে,

বিচার করছ কতটুকু

আটকে কপাল ছিপে।

চাঁদি ছুঁলেই হাড় মুড়মুড়,

আবার চাইছ চাঁটি?

গালে চাকলা আমসত্ত্ব,

মাছি গুণছে আঁটি!

টাট্টুঘোড়ার লেজে, খুরে,

মিশিয়ে দিচ্ছ স্নেহ,

বেবাক খুনের খেই মেলে না

করলে অন্য কেহ।

ঘাসের ছিদ্রে কাঁদছে হাঁড়ি,

বাঁশের ফুটোয় আলো,

আশীর্বাদী রত্ন ধরে

আঙুল কী জমকালো!

আমি যেমন দেখি তোমায়,

ফ্যান্টাসি নয় – হি হি,

কেশর ভেবে এক পায়ে ছুট,

লাগাম ডাকে – 'চিঁ-হি'!

খাওয়ার শেষে 'হুম' ধ্বনিতে

লোকদেখানো সারো,

পিছন ফিরে দেখছ না তো?

শহরটা আমারও!

দেখাদেখি চশমা মোছ,

রইল অবশেষ,

স্ট্র বাঁকাতে এখন আমার

পাত কুড়োলে বেশ!

<u>এখন প্রেম</u>

চিউয়িং গামের আড়ে তোমায় অজান্তে বশ করি

এখন প্রেম

রিকশা থেকে নামার মতো,

তোমার নাভির মতো

রাগী

স্কুল

ক্লসেটে বন্ধ হয়ে পা মেলে দিই

ঘুরে আসা স্বপ্নে আমি

গ্যাংরেপড — দুর্বল জায়গায় বেশ্যা তিন রকম

উত্তরাধিকার আর দেরির প্রধান কারণ

ডেস্কের পিছনে নেমে গিয়ে

সাধারণ কী সাধারণ

একটা লিস্টের আড়ালে

আমি কেমন চুমু খাই, এই আমিই কেমন আদর করি

অভিমানে আজ কি আবার আগের মতো?

আমায় নিতে আসবি না স্কুল থেকে?

মার্কো পোলো

এখন আমাকে আর কেউ আদর করে না,

মার্কো পোলো,

কত লজ্জা শরীর ঢাকতে

যেভাবে তুই চাস সেভাবেই

আর তুমি তখন আমাকে চুমু খাচ্ছ,

ওয়াশরুমে।

তুমিই কি সেই?

হঠাৎ থেমে চলতে চাওয়া,

তৃষ্ণা তবু এ পটে নেই

স্নানের ভিতর তোমায় পাওয়া, শঙ্খস্ফটিক,

আঘাত মেখে বর্জ্য হওয়া

তোমার অজান্তে নয়, এমনই সেই অধিকারের সাবেক লতায় ভর করেছ

লুকিয়ে যখন কী গৌরবে আসো আমার দৈন্যে, দ্বিধায়,

মনে করো, তুমিই কি সেই?

আমি যেভাবে চাই

ঘুমিয়ে পড়ি আজকাল প্রায়ই কাঁদতে কাঁদতে।

জেগে উঠে যখন তোমায় আদর করি,

তুমি কেমন হয়ে যাও,

শান্ত হতে বলো আমায়।

আমি চাই না তোমার দুর্বলতা,

চাই না তোমার প্রশ্ন।

যখন তোমায় চুমু খাই,

অস্তিত্বের কোণায় ঢুকে গিয়ে,

মনে হয়

সহজ কিছুই নয়।

শান্ত হওয়া আর হয় না।

আমার সব কিছু পুড়ে যাচ্ছে,

দেখেও তুমি

18

"আচ্ছা, রাখি এখন"

বলে চলে যেতে পারো।

জানি

চাও না আমাকে,

আমি যেভাবে চাই।

তাও,

ভালবাসোনি কি একবারও,

যতবার ছুঁয়েছি তোমায়?

দুপুর

আমার দুপুরগুলো তুমি নিয়ে নিয়েছ, ইন্দিরা।

হারানোর ভয় কেন পাও?

যদি আমি কোনওদিনও দাবী না করি?

তাহলেও পাবে ভয়?

আর আমি অনেক দূরে হারিয়ে যাচ্ছি,

বলে যাচ্ছি,

শোনো।

নেশা হয় না তোমার,

বোঝার চেষ্টা করো আমাকে,

আর আমি কথা বলার চেষ্টা করি তোমার সঙ্গে।

তুমি বলো বদভ্যাস,

যখন আমার ঘুম আসতে সময় লাগে।

সারা রাত জেগে নাকি?

আমার ভুল, শয়তানি —

না, কোনও নাম দেব না।

ব্যথা করে।

<u>এই ছোঁয়া</u>

শুধু ঘড়িতে কটা বাজে দেখার জন্য এই ছোঁয়া,

পিঠ ফেরালে পারফিউম,

তোমার চোখে চোখ।

এখন ভালবাসা

পকেটে মোবাইল ঢুকিয়ে রেখে

ছেঁড়া অনলাইন টিকেট।

তোমাকে চুমু খেতে ইচ্ছে করে

আর প্রশ্ন করে ওরা যে তোমার মধ্যে কী দেখেছি।

তোমার ক্ষিধে পেয়েছে তাও চিপসের প্যাকেট হাওয়ায় ভাসিয়ে দাও,

বাড়িয়ে দিতে চাও আসলে আমার দিকে?

আমি ধরি না।

ঠাণ্ডা লাগছে,

তাও আমি স্টোল গায়ে দিচ্ছি না,

মনে করছি আগে হলে তোমাকে কেমন জড়িয়ে ধরতাম।

এখন সব বদলে গিয়েছে,

তবু হঠাৎ হঠাৎ বার বার

তোমার হাঁটু দেখি আমাকেই ছুঁয়ে থাকে

আবার আবার।

পা সরিয়ে নিই আমি,

সরে যাই।

মুড

একদিন,

ওই একদিনই।

বলেছিলাম, "ভাল থেকো"।

তুমি বলেছিলে, "লিখছিস?"

একবার,

ওই একবারই।

আমার মুখে কফির গন্ধ,

তোমার খসে পড়া ব্রা —

ওভারহোয়েলমিং।

বিদ্ধ করা ও বিদ্ধ হওয়ার আমার যে প্রয়োজন,

তোমার মুডের উপর অবস্থিত।

ক্ষয়

প্রথমে দুপুরগুলো কেড়ে নিলে একে একে,

আর এখন রাতগুলো।

বলেছিলে বটে, "দেওয়া যায়"।

কী দিইনি? বলো কী দিইনি তোমায়?

যাকে ভালবাসি তার নখে পচন ধরেছে,

তবু আঘাত, তবু মিথ্যে শোক,

গতিময় একাকীত্ব।

ছুঁয়ে থাকো না আমায়,

তবু যেখানেই যাই,

ছায়া দেখি।

ভয় করে,

নাছোড় সময়,

তোমার কথায়

আবেগ সরিয়ে রাখি,

25

বাঁধ ভাঙে ভিতরের ক্ষয়।

বাকরুদ্ধ

আমার যৌনতা তোমাকে বিহ্বল করে,

বলো, "বড় বেশি হয়ে গেল"।

আমার প্রেম তোমাকে লজ্জিত করে,

বলো, "থাক না এ সব আজ থেকে"।

আমার শবদেহ তোমাকে বাকরুদ্ধ করুক,

ভুলে যেও চিনতে আমায়।

পুরুষ

তোমার প্রতিটি নিঃশ্বাসে আমি আরও একটু পুরুষ হয়ে উঠি।

কী টানাপোড়েন, কল্পনার বাইরে দুশ্চরিত্র,

ঘৃণা করো, চাই তাই,

এভাবে কষ্ট দিই তোমাকে, মরে যাচ্ছ, আমাকে ভাগ করে নেবার
জ্বালায়।

অবাক-করা সময়

সব সময়ে কি জড়িয়ে ধরা যায়?

না জড়িয়ে ধরতে ইচ্ছে করে বলো?

আজ দুপুরে অবাক-করা সময় পেয়ে

দুর্বোধ্য কবিতা নিয়ে বসে

জীবনকে ফিরে দেখার চেষ্টায় আছি।

ভুলতে পারি না,

বলি, মনে মনে থাক দুঃসময়।

স্বপ্নে তোমার অতীত

আমার অপূর্ণতায় মিশে যায়।

<u>তোমার অপেক্ষায়</u>

আজও আমার কাঁধে তোমার মাথা রাখি।

বলি, "আরও পাঁচটা মিনিট শুধু"।

মনে করি তোমার সব ঠিকই আছে,

ঠিকই তো,

পরিচিত অভ্যেস ভেঙে

প্রতিবার বোকা বনে যাই।

তোমার সাজানো ক্রিসমাস ট্রীর সামনে

লুকিয়ে রাখা রেড ওয়াইন

আমাকে নিঃসঙ্গ করে।

নিজের মুখোশ টেনে দেখি

কতটা নির্বুদ্ধিতায় আছি।

দেরি হয় তোমার।

বলো, "বাড়ি চলে যাও"।

আমার রিকশা তোমার অপেক্ষায়।

ঘুমের মধ্যে

ঘুমের মধ্যে সব ঠিক হয়ে যেতে পারে না?

একই অভিব্যক্তি,

একই পুরুষ,

একইভাবে অবশ হয়ে ফেরা।

আমি তোমাকে ফিরিয়ে দিইনি,

জোর করিনি,

নামকরণের সময়ে লেবেল লাগাইনি,

ঘুমের মধ্যেও।

পুরুষসঙ্গ

তোমাকে পুরুষের পাশে দেখে আমার অস্বস্তি হয়,

তুমি ভাবো অভিনয়।

সুপ্রভাত বয়স বোঝায়।

তুমি ছোট নদী,

আমি মৃত বালুচর।

মন্দিরে মন্দিরে আমি কাঙাল,

তুমি প্রেমের ঘরে পুরুষসঙ্গ করো।

ঘুম ভেঙে

ঘুম ভেঙে

চুপি চুপি কানে দিই ফোন।

কলঙ্ক লুকিয়ে

তোমার নিঃশ্বাস চিনে রাখি।

তোমার শব্দে

ফিরি ব্যথায়, লজ্জায়।

আদরের গ্লাসে

প্রশ্ন ও অভিমান

আর আমাকে আশাও করে না।

মাটির দৌলতে সেই অসহায় দুর্যোগে

আটকে ছিলাম,

ভালবাসা মাতলামি সামলে

বাড়িতে নামিয়ে দিয়েছিল।

যে রাস্তাটা এখনও চেনো না ঠিকমতো,

কার জোরে, কোন সাহসে

সে রাস্তায় আমাকে রাখতে এলে?

আমার তো হুঁশ নেই,

কে তোমাকে বাড়ি পৌঁছে দেবে?

যেখানে, যার পাশেই ঘুমোও,

আমি তোমার অনিবার্য ক্ষতি।

<u>তুমিই তো সেই</u>

আমার আধুনিক কবিতার বানান দেখে দাও,

ছন্দপতন ঘটেছে যে তুমি জানো,

আমার শাস্তিযোগ্য ভুলগুলো তুলে নাও,

বলে দাও আমি কী করলে ঠিক হব।

সারারাত ধরে টাইপ করার পরেও

বুঝছি না কেন ঘুম আসছে না আমার,

তুমিই তো সেই আমি যার কাছে গিয়ে

দেখব আমায় অধিকার করে আছ।

তোমার কণ্ঠে আমার উত্তেজনা,

তোমার শাড়িতে আমিই কালির দাগ,

আমার ভাষার তুমিই তো প্রেমিকা,

অক্ষমতায় শব্দ বসাই এসো।

দুপুরগুলো আজও তোমার সবই,

যতই আমি অক্ষরজ্ঞান হারাই।

তোমার মৃতদেহ

তোমার মৃতদেহ কাঁধে ফেলে

এক পা এক পা সাইক্লিং।

তোমার পা ফাটতে ব্যস্ত,

তোমাকে সারা বাড়িতে, প্রতিটা ঘরে

বার বার করে খুঁজেছি।

তোমার জন্য আধখানা রুটি

রোজ পাতে ফেলে রেখেছি।

তোমার গানের গলা মনে করে

আমার আর ভাত চাওয়া হয় না।

পড়া মুখস্থ করার মতো

ডিসেম্বরের চুমু,

নভেম্বরের প্রেম।

কামনা

আমি তোমার মৃত্যু কামনা করেছি

একটা বালবের আলোয়।

অন্য গ্রহ থেকে এসে

পাশ ফিরে শুয়ে ছিলে।

আমি তোমার মৃত্যু কামনা করেছি

একটা অপেরার সুরে।

সিঁড়ি ভাঙার ভান করে

ককটেলে আঙুল দিয়েছি।

আমি তোমার মৃত্যু কামনা করেছি

কালো মেঝের উপরে।

বাড়াবাড়ি শেষে কলার ধরে বলেছ

ভাল লাগার কথা।

আমি তোমার মৃত্যু কামনা করেছি

লাল মাছের কাঁটায়।

চুল খুলে দিয়েছিলে

গায়ে ভার ছেড়ে দিয়ে।

আমি তোমার মৃত্যু কামনা করেছি

রাতে পায়ের ব্যথায়।

ভোরে উঠে জাগাতে পারিনি,

তাই সকাল, দুপুরগুলো পেরিয়েছি,

আমি তোমার মৃত্যু কামনা করেছি

ফের বিকেলবেলায়।

আমার লেখা

আমার লেখা রাখবে তোমার কাছে?

মাঝে মাঝেই অশান্ত দিন,

নিঝুম রাতে হাতছানি দেয় একলা প্রদীপ।

তোমার পাশে বসতে আমার ইচ্ছে করে।

এ সব আমার ভোরের লেখা,

হারিয়ে ফেলি আর বাকি সব,

আমার লেখা গুছিয়ে রাখবে রোজ সকালে?

সম্পর্ক

আমি বললাম, "ঘরে ফিরি?"

তুমি বললে, "কার জন্য?

কার জন্য লড়াই করো?"

জানিয়ে দিলে

যার জন্য ফিরতে চাওয়া,

সময় তাকে দেয়নি ফেরত।

টাকা দিয়ে আমার হাতে,

সম্পর্ক কুড়িয়ে নিলে।

কীসের অধিকারে তোমায়

বিয়ে করতে বারণ করব?

আমাদের তো সেরম কিছু নেই।

কাঙাল

তুমি আমায় অস্পৃশ্য করে রেখেছ বলে

আমার সারা শরীর ছিঁড়ে যাচ্ছে

আদরে আদরে।

তোমায় লেখার এই ছলনা

ইতিহাসের ব্যর্থতা রচনা করে,

সৃষ্টি করে দূরত্ব, ভাষার দ্বন্দ্ব।

আমি গল্প লিখতে পারি না,

কিন্তু তোমার-আমার বোবা শৈত্য

আমার গলা টিপে ধরছে।

আমার বুক ব্যথা করে,

তুমি ঠিক যেখানে হাত দিতে সেখানেই।

আমার নিষ্ঠুর নিজস্বতা

তোমার কথা ভাবে না তুমি বলো।

আবাহন-বিসর্জনের কথা আজ থাক।

তুমি বড্ড ভারী,

তোমাকে ধারণ করার সময়ে আমার বড্ড

শক্তি খরচ হত,

তবু আমার কাঙালপনা ঘুচল না।

<u>অপমানে</u>

স্বপ্নে তোর গলা, রামধনু,

আমিও খানখান তোর ফোনে,

বেঁচে থাকাও কেন রাত কাটায়,

মরে যাবার মতো ক্লান্তিতে?

কী করে সয়ে যাই এই গ্লানি,

তোমার নতুনেরও শত্রু নেই,

আমি বেজন্মা, রাত্রিদিন

মিথ্যে কথা বলি কার শোকে?

আমায় দিয়েছিলে নির্বাসন,

কী দিন কাটিয়েছ আমি জানি,

ঢেলেছ বিষ যাতে তোমাকে চাই,

বোঝাতে পারিনি যে ইঙ্গিতে।

আদর মুছে ফেলো, চার দেওয়াল,

আমায় মেপে নাও, পাহারাদার,

তোমার ঠেলে দেওয়া অপমানে

রক্ত জমে থাকে নির্দ্বিধায়।

<u>থাকো</u>

আজ সারাদিন দেখা হবে না,

কথা হবে না,

তোমার কল্পনা সঙ্গ দেবে না আমার দুপুরকে।

আমার সকাল খুব ব্যস্ত থাকবে আজ,

তোমার অপেক্ষায়।

আমার বিকেল ক্লান্ত হয়ে ফিরবে

তোমার নিষেধাজ্ঞায়।

জানি,

তোমায় না বললেও তুমি আজ

সুন্দর করে সাজবে,

রোজকার মতো।

নাই বা হল আমার জন্য।

আমাকেই তো বলেছিলে, "থাকো"।

দর্শন

"কিছু না" বলে এড়িয়ে যাও আমাকে।

"বলো" বলে প্রমাণ করো

তোমার পক্ষে আমাকে দয়া করা সম্ভব নয়।

কথোপকথনের মাঝে উচ্চারণ ঠিক করতে চাও আমার।

শরীরে প্রোথিত করো তোমার বীজের দর্শন।

ভুল করে দেখে ফেলো তোমার জন্য লেখা আমার গর্ভাধান।

"কিছুই আমার রাখলে না?", যখন জিজ্ঞেস করি,

বলো, "তুমিও তো রাখোনি আমায়"।

তোমার অবহেলায় আমার ভাললাগার লিস্ট বেড়ে যায়।

রুমাল চোর

রুমাল চোর,

রূপে আমায় ভোলাওনি তাই জানি,

তুমি ঠিক কতটা দূরে।

আমার থেকে ঠিক কতটা আলাদা বাস করো।

তোমার শাড়ির লালে দেখি অভিমান,

তোমার সিদ্ধান্ত শুধুই আনমনা।

অগোছালো নৈপুণ্যে মেলে দাও অপাত্রে চোখ,

সিঁদুরের টিপে লুকিয়ে রাখো বীর্য অবাধ্যতার।

তোমার ছবি বলে দেয় ঠিক কতটা মিথ্যে ভাল থাকা।

যতই আমি বনময়ূরী তোমার,

নিষ্ঠুরতায় শ্বাপদ লালন করো।

এই শাস্তির ভার কি আমিই নেব?

আচ্ছা দেখি আর তুমি কী পারো।

রাজরানি

যদি আমার প্রেমে পড়তে,

তোমাকে রাজরানি করে আমার গদ্যে নিয়ে আসতাম।

যদি তোমার দুঃখগুলো

আরেকটু ভাল করে মুখস্থ করতে পারতাম,

তুমি হয়তো বানানের কথা ভাবতে না।

যদি আরেকটু কম কথা বলতাম,

অভিমান করতে,

মান বাড়ত আমার।

যা নিয়েছ

আমি সংলাপ বলতে পারি না। চরিত্রের মুখে কথা বসাতে পারি না। তাই তুমি যখন ইয়ার্কি করো, আমি তর্ক করতে পারি না।

আমি দিন দিন অযোগ্য হয়ে যাচ্ছি, যাচিকার ধর্ম পালন করতে করতে। অক্ষমতার প্রতীক্ষাশেষে তুমি আমাকে একটা ভুল নামে ডেকে বললে আমার সঙ্গে যখন একা থাকো, তোমার প্রয়োজনের অতিরিক্ত আমি যেন কিছু না করি। তোমার নাক দিয়ে রক্ত পড়লেও আমি যেন হিসেব লিখে যাই।

জিজ্ঞেস করো আমায়, কতটা সুন্দর তোমার বিষাদের সুর? আমি বলতে চাই, তোমার মতোই। তুমি আর আমি একা নই, তাই বলতে পারি না। কিন্তু সেই সুরটাও অর্ধেক শুনতে হল বাইরে থেকে, কানাঘুষোয়।

তোমার মুখের কবিতা আমার কাছে অসম্পূর্ণা হয়ে এসেছিল। আমিই কি রাখতে পারিনি? নাকি ইচ্ছে করেই আমাকে এই বিরহ দিলে?

ছায়া হয়ে নেমে যাও পুরনো ডায়রির পাতায়। আমার পাপের ভার আঙুলের ফাঁক গলে বেরোক।

যেভাবে দিয়েছ শাস্তি, সেইভাবে ডাকলেই পাবে। "কেড়ে নিলে" বলব না, যা নিয়েছ তোমারই তো ছিল।

শিকারে

গত রাতে তোমায় খুব কাছে মনে হয়েছিল। ভুল বোঝার মতো, লজ্জা পাবার মতো কাছে। আজ রক্তাক্ত সেই মুহূর্তেরা।

তোমায় খুব আপন মনে হয়েছিল। আজ মৌন তোমার অধিকারবোধ।

শিকারে বেরোও।

বারণ করার পরেও

সারাদিন অকাজের পর রাতের অন্ধকারে তোমার উপস্থিতি উপলক্ষে সময়ের চলে যাওয়া দেখি।

প্রতি মুহূর্তে ভাবছি এই তুমি ফোন করবে। তোমার কাজ আর সম্পর্কের অবসরে। আমার যখন কাজ আসে, তুমি বলো, "আজ পী কে কিছুতেই যেতে দেব না"। আমি তোমার টান এড়াতে পারি না। থেকে যাই।

তুমি যখন ডাকো, "আমার পী কোথায়?", আমি জানি আমি শুধুই তোমার পানের নেশায় একটুখানি বাধা। তবু, তোমারই তো।

তুমি যখন সকালবেলা পুজোর ঘরে ধূপকাঠি জ্বালিয়ে বসে কাঁদো, আমি ভাবি তোমার চোখের জল সহ্য করতে গেলে আর কী কী আমাকে শিখতে হবে।

তোমাকে হাসতে খুব কম শুনেছি। আমার বোকা-বোকা কথা তোমার বিরক্তিরই কারণ হয়, বিনোদনের নয়।

আমি আর কিছু পারি না। শুধু বলি, "আমার কাছে এসো"। তুমি রেডি হও। বেল বাজাও। তারপর তোমার মনে হয় আমি তোমাকে জোর করছি। বলো, আর কিছুদিন বাদে এই কথাগুলো তোমার আর জোর করা বলে মনে হবে না।

তোমার বিবাহপরিচয় আমাকে মূঢ়তার দিকে ঠেলে।

লাভ যাতে নেই, তেমন কাজই আমি করেছি, তুমি বারণ করার পরেও।

<u>না জ্বলা</u>

এই শেষ। আর আমাদের কোনওদিন কথা হবে না। আর কোনওদিন "পী" শোনা হবে না আমার। সারারাত একা শুয়ে থাকব আমি, আর তুমি আমার বালিশের উপর সবুজ আলোর না জ্বলা।

অনেক কথা বলার ছিল, কিন্তু তুমি আমাকে শুধু ছেড়েই যাওনি, তুমি জানো আমি ভাল নেই।

ভয়

অহনা,

তোমার জন্য আমার ভয় করে। তোমার নেশা হয়ে গিয়েছে, তুমি বাড়ি ফিরতে পারবে না।

অহনা,

তোমাকে অতিক্রম করার সাধ্য আমার নেই। তাও বলি, কোনওদিন চোখ তুলে দেখিনি তোমায়।

একবারই

একবারই তোমাকে পেয়েছিলাম। "রাত বাড়লে কি উষ্ণতা বাড়ে?", জিজ্ঞেস করেছিলে।

আগে আমাদের অনেক ব্যক্তিগত কথা হত, এখন সবই ইন পাবলিক ডোমেন। তাই আজকাল তোমার সঙ্গে একা থাকলেও আমার মুখে কথা সরে না।

তুমি রেগে যাও। ভুলে যাও আমার কথা না বলতে পারার মানে।

<u>ছোঁয়া</u>

অহনা,

তোমাকে ছোঁয়ার জন্য আমার শরীর লাগবে না। ইয়ারফোন গুঁজে দাও আমার অনভ্যস্ত কানে। ঠোঁটকে শিখিয়ে দাও কীভাবে আদর করবে। বলে ফেলো এমন হবে তুমি ভাবোনি। আমিও তোমার মুখের জাদুশব্দে গ্রহণযোগ্য হয়ে উঠি।

সময়

অহনা,

আমার সঙ্গে নেশা করে কথা বোলো না।

এটা আমার একবগ্‌গা ভাললাগার সময়।

সেই ভোরে আমরা কথা শেষ করতে পারিনি,

তোমার ব্যথা করছিল,

তাও বলেছিলে, "থামতে বলিনি"।

"জোর লাগে মাঝে মাঝে" বলে কেঁপে উঠছিলে,

ঈর্ষা দিয়ে ঘষেছিলাম তোমার শরীরে শরীর –

সত্যিই কি আমি ব্যথা দিই না তাই তোমার ভাল লাগে?

সত্যিই কি নরম আদর চাও?

ভালবাসো আমায়?

তুমি সত্যিই জানো না তোমার বুকে মুখ রাখলে তুমি কী করবে?

ঘুমিয়ে পড়ো অহনা,

এটাই আমার তোমাকে কাছে পাবার সময়।

চুমু

তোমার বুকে মুখ রাখার পর পরই

বেলটা বেজে উঠেছিল।

জলের তলায় তোমার হাতে হাত, অহনা,

পাশবালিশের এ পারে খোলা ঠোঁট তোমার,

আর তুমিও তো আটকাওনি আমায়।

কীসের অধিকারে তোমায় চুমু খেলাম, জিজ্ঞেস করলে,

বোঝো না, আমার গায়ে লাগে কখন?

ঘুমের বাইরে

সত্যিই কি আসবার কথা ছিল না আমার, অহনা?

সত্যিই কি চাওনি চলে যাই?

ঘুমের বাইরে যে আমাকে চুমু খেলে, কী মনে হল তোমার?

ভয় পেয়েছিলে, আমার নেশা হয়ে যাবে।

তাই কি আমায় তাস খেলায় হারালে?

"চুপ করো" বলে যখন আমাকে জড়িয়ে ধরেছিলে,

বুঝেছিলাম তোমাকে পাওয়া যায় না অন্ধকার ছাড়া।

না অহনা, ভয় পেও না। লুকিয়ে রাখো আমায়।

জানলা খোলা থাক, সেই আলোতেই খুঁজে নেব

কোথায় তুমি, কী করছ,

বুঝে নেব কীভাবে তোমায় আদর করলে

ঘুমিয়ে পড়বে ভোর হবার সময়ে।

59

প্রাইড ওয়াক

আমার সঙ্গে কোনও এক বছর প্রাইড ওয়াকে হাঁটিস।

মিছিলে পা বাড়িয়েই দেখব কীরম ভালবাসা

(মুখ থুবড়ে পড়ে কি না)।

গল্পের পিছনে আমি,

বিগ স্ক্রীনের সামনে তুই,

লেবেলের কাছে আশ্রয় নিইনি,

বেছেছি সেই অচেনা পুরুষ,

তোর আর আমার এমন কী তফাৎ?

অভিমান

বেহিসেবী খরচ আমার,

অনাহূত ডিনার রোজ,

কাঁদলে আমি মাত্রাছাড়া,

শেফের হাতের ওভারডোজ।

একটা ভুলের শাস্তি দিতে

পাপ করেছি বিরামহীন,

চোখের জলে রঙ গুলেছি,

জড়িয়ে আছি শীতের দিন।

তোর সঙ্গেই রাগারাগি,

ফোলানো ঠোঁট, নাকটা লাল,

একটা ছোঁয়ায় টেম্পারেচার,

একটা কথায় গরমকাল।

কার সঙ্গে পুতুলখেলা?

কার সঙ্গে নেশার ঘোর?

কার জন্য অপেক্ষাতে

লেপের তলায় নরম ভোর?

তোমার সঙ্গে

আমি যখন খাই না ওষুধ

তখন আমি লিখতে পারি,

একটা ভারী অবাধ্য মেয়ে,

ছিঁচকাঁদুনে বদের ধাড়ি।

ক্যারম খেলার নিয়মগুলো

সাজাই আমি জোচ্চুরিতে,

মিথ্যে তোমার হাত ছাড়ানো,

মিথ্যে তোমার বাপের ভিটে।

ছুটির দিনে ঘণ্টা দু-চার

তোমায় নিয়ে গল্প লিখি,

সাদা কাগজ, ছেঁড়া পাতা,

এই তো আমার দিনলিপি।

তোমার ভাল লাগবে ভেবে

খেলছি আমি কানামাছি,

তোমার সঙ্গে সিটি সেন্টার,

তোমার সঙ্গে সোনাগাছি।

আগের মতো

আমি একটু বাড়াবাড়ি,

সামলে তোমরা নাস্তানাবুদ,

মাঝরাস্তায় ধরে পেটাও,

দাও গিলিয়ে তেতো ওষুধ।

ভাঙিয়ে তোমার শীতঘুমটা

কলম ধরে বসে থাকি,

দিই করে সব বিক্রি খবর,

কার কতটা হিসেব বাকি।

যতই ভাবি থামব এবার,

কলম চলে জোরে তত,

আসতে যেমন আমার কাছে,

আসবে কি আর, আগের মতো?

শহর

তোমার ফোন পাব না জানি,

তাই মোমশহরের দুঃসময়ের শুরু,

তোমার মন পাব না জানি,

তাই জলশহরের মনখারাপের দিন,

বুকের কোণ একটুখানি

পেলে আমার থেকে একটু উঁচু তোমার শহর,

তোমার কোল পাব না জানি,

তাই এই শহরের ফোন খারাপের দিন।

কাগজে অক্টোবর

কতদিন তোমার সঙ্গে অভিনয় করিনি, অহনা,

সারারাত আমাকে গল্প শোনাতে,

তোমার ভিতরের পাপে মুগ্ধ হতাম।

তোমার তিনতলার জানলা বলে দেবে

চাদরের তলায় তোমার সঙ্গে আমার প্রেম, অহনা,

এক টুকরো কাগজে অক্টোবর।

www.ingramcontent.com/pod-product-compliance
Lightning Source LLC
Chambersburg PA
CBHW021143020426
42331CB00005B/878